Bibliografische Information der Deutschen Nationalbibliothek:

Die Deutsche Bibliothek verzeichnet diese Publikation in der Deutschen National-bibliografie; detaillierte bibliografische Daten sind im Internet über http://dnb.d-nb.de/ abrufbar.

Impressum:

Copyright © 1997 GRIN Verlag
Druck und Bindung: Books on Demand GmbH, Norderstedt Germany
ISBN: 9783346122285

Dieses Buch bei GRIN:

https://www.grin.com/document/107132

Patrick Fonger

Essen und Macht. Betrachtungen in Gottfried Kellers Novelle Pankraz, der Schmoller

GRIN Verlag

GRIN - Your knowledge has value

Der GRIN Verlag publiziert seit 1998 wissenschaftliche Arbeiten von Studenten, Hochschullehrern und anderen Akademikern als eBook und gedrucktes Buch. Die Verlagswebsite www.grin.com ist die ideale Plattform zur Veröffentlichung von Hausarbeiten, Abschlussarbeiten, wissenschaftlichen Aufsätzen, Dissertationen und Fachbüchern.

Besuchen Sie uns im Internet:

http://www.grin.com/

http://www.facebook.com/grincom

http://www.twitter.com/grin_com

Germanistisches Institut der RWTH Aachen
Lehrstuhl für Neuere Deutsche Literaturgeschichte

Proseminar I
Gottfried Keller: Die Leute von Seldwyla

SoSe 1997

ESSEN UND MACHT
Betrachtungen in Gottfried Kellers Novelle 'Pankraz, der Schmoller'

vorgelegt von:

Patrick Fonger
Aachen, 17.07.1997

Inhaltsverzeichnis

1. Einleitung

Die vorliegende Arbeit befaßt sich mit Gottfried Kellers Novelle 'Pankraz, der Schmoller'. Anhand konkreter Textstellen und mit Hilfe einschlägiger Sekundärliteratur soll die Novelle auf zwei Aspekte hin untersucht werden. Es sollen die Bedeutungen und Bedeutungsverknüpfungen von Essen und Macht dargestellt werden.

Selbstverständlich handelt es sich in der Arbeit nicht um den Versuch einer Interpretation, sondern um eine Textstellenanalyse hinsichtlich eines vorgegebenen Themenkomplexes. Da in der Novelle das Essen in Form von Nahrungsaufnahme immer wieder aufgegriffen und oft detailliert geschildert wird, liegt es nahe, nach möglichen Bedeutungen zu suchen. Das Schmollen des Pankraz scheint eine ganz wesentliche Charaktereigenschaften der Figur und auch ein wesentliches Thema des Textes zu sein – es findet sich bereits im Titel 'Pankraz, der Schmoller'. Schmollen ist nichts anderes als der Versuch, seinen Willen durchzusetzen, also Macht auszuüben.

Es stellt sich folgende Frage: Haben Essen und Macht in der Novelle einen besonderen Stellenwert, und wenn dies so ist, wie ist dann die Verknüpfung von Essen und Macht?

2. Die Bedeutung der Nahrungsmittel

2.1 Kartoffel, Milch und Butter

In dem einleitenden Teil von Gottfried Kellers Novelle 'Pankraz, der Schmoller' werden die ärmlichen sozialen Verhältnisse von Pankraz' Familie geschildert. Besonders deutlich werden diese unzureichenden Verhältnisse durch die detaillierte Beschreibung des alltäglichen Essens.

Die gewöhnliche und notwendige, und sehr alltägliche Nahrungsaufnahme der Familie wird in vielen Einzelheiten geschildert:

> *Der Buttertopf [ließ] überall seinen Grund durchblicken [und] dieses Durchblicken des grünen Topfbodens war eine so regelmäßige Erscheinung, wie irgendeine am Himmel.*[1]

Pankraz' Mutter ist Witwe und empfängt ein geringes Witwengehaltes, das auch immer verspätet vom Armenpfleger („ein kleiner Witwengehalt, den der Armenpfleger jährlich auszahlte, nachdem er ihn jedesmal einige Wochen über den Termin hinaus in seinem Geschäfte benutzt"[2]) ausgezahlt wird. Aufgrund dieser Umstände leistet sich Pankraz' Mutter einen eher bescheidenen Lebensstandard.

Neben den bescheidenen Einkünften und dem erwähnten leeren Topf werden noch weitere Anzeichen für die Armut deutlich, denn der verstorbene Ehemann „hinterließ seiner Witwe ein kleines baufälliges Häuschen [und] einen Kartoffelacker vor dem Tore"[3]. Daß gerade der Kartoffelacker, also die Kartoffel als Grundnahrungsmittel, ein besonderes Zeichen der Armut ist, wird deutlich, wenn Statistiken[4] über den Verbrauch (und somit die Bedeutung) einiger Grundnahrungsmittel zur Diskussion herangezogen werden.

Es fällt auf, daß der Verbrauch des Nahrungsmittel Kartoffel im Verlaufe des 19. Jahrhunderts stark anstieg, jedoch am Anfang des 20. Jahrhunderts wieder zurückging. Ein „hoher Kartoffelverbrauch ist von den Bessergestellten immer wieder als

---

[1] Keller, Gottfried: *Pankraz, der Schmoller.* In: Ders.: Die Leute von Seldwyla. Vollständige Ausgabe der Novellensammlung. Mit einem Nachwort von Gerhard Kaiser. 1. Auflage. Frankfurt/M. 1987 (it 958), S. 14-70, hier S.14 (Im folgenden wird für Kellers Novelle die **Sigle GK** verwendet.)

[2] GK, S.14

[3] ebd.

[4] vgl. Wierlacher, Alois: *Vom Essen in der deutschen Literatur. Mahlzeiten in Erzähltexten von Goethe bis Grass.* Stuttgart 1987, S.61

ein Zeichen von Armut betrachtet und entsprechend abgewertet worden"[5]. Es wird deutlich, welche Bedeutung dem Nahrungsmittel Kartoffel hier zukommt. Kartoffeln galten also überwiegend als Nahrung für schlechter gestellte soziale Schichten, und dies soll auch bei der Beschreibung von Pankraz' Familienverhältnissen zum Ausdruck kommen. Gerade der Kartoffelbrei, den die Mutter ihren Kindern täglich auf den Mittagstisch stellt, ordnet die Familie demnach symbolisch der sozialen Unterschicht zu.

Aber auch die Beilagen des Kartoffelbreis, Milch und Butter, sind von Bedeutung. Die Beschreibung von Buttersoße und Milch erinnern an ein anderes Nahrungsmittelpaar, welches in der Literatur zu finden ist. Und zwar ironischerweise an Milch und Honig, die der Sage entsprechend im gelobten Land Kanaan fließen, einem Land voller Überfluß, in dem niemand Hunger leiden muß.

In Kellers Novelle wird das Nahrungsmittelpaar Buttersoße und Milch bildhaft beschrieben, denn beide Flüssigkeiten fließen in einer hügeligen Landschaft aus Kartoffelbrei:

> *Die Mutter kochte nämlich jeden Mittag einen dicken Kartoffelbrei, über welchen sie eine fette Milch oder eine Brühe von schöner brauner Butter goß. Diesen Kartoffelbrei aßen sie [...], indem jeder vor sich eine feste Vertiefung in das feste Kartoffelgebirge hineingrub. Das Söhnlein [...] sah stets darauf, daß die Milch oder die gelbe Butter, welche am Rande der Schüssel umherfloß, gleichmäßig in die abgeteilten Gruben laufe; das Schwesterchen [...] suchte [...] durch allerhand künstliche Stollen und Abzugsgräben die wohlschmeckenden Bächlein auf ihre Seite zu leiten [...].*[6]

Assoziationen mit dem zuvor genannten Paar Milch und Honig sind sicherlich berechtigt.

Durch diese detaillierte und bildreiche Beschreibung werden die Armut, der Nahrungsmangel und die einseitige Ernährung der Familienmitglieder deutlich gemacht. Es wird zudem klar, welche zentrale[7] Bedeutung dem Mittagessen zukommt. Möglicherweise zeigen sich hier Parallelen zu der Bedeutung des gelobten Landes Kanaan für das Volk Israel.

---

[5] Wierlacher, Alois: *Vom Essen in der deutschen Literatur. Mahlzeiten in Erzähltexten von Goethe bis Grass*. Stuttgart 1987, S.61
[6] GK, S.16

5

2.2 Die Macht der Mutter

Dem Nahrungsmittel Milch kommt noch eine weitere Bedeutung zu, in der auch erstmalig der Zusammenhang zwischen Nahrung und Macht zum Ausdruck kommt. Die „fette Milch"[8], von der in der Novelle die Rede ist, läßt starke Assoziationen zur Muttermilch aufkommen. Verstärkt wird dieser Eindruck noch durch die plastische Anordnung des von Milch- und Butterkanälen durchzogenen Kartoffelbreis, was die von Milchdrüsen durchzogene Mutterbrust symbolisiert.

Muttermilch ist die erste Nahrung, die ein Kind zu sich nimmt, wenn es den mütterlichen Bauch verlassen hat. Während der Schwangerschaft wird der heranwachsende Embryo indirekt durch die Nahrungsmittel genährt, die die Mutter zu sich nimmt. Im Mutterleib wird die Nahrung über entsprechend Verdauungs- und Stoffwechselprozesse in eine embryoverträgliche Form umgewandelt. Bildhaft formuliert kann gesagt werden, daß die Mutter diejenige ist, „die ihren eigenen Leib zu essen gibt"[9]. Nach der Geburt geht die Ernährung durch die Mutter mit dem Stillen weiter; auch hier gibt die Mutter wieder einen Teil von sich.

An dieser Stelle muß kurz erwähnt werden, „daß das Stillen für Mütter in keineswegs allen Schichten [...] selbstverständlich war"[10], wie Untersuchungen der letzten Zeit gezeigt haben. Oft wurde das Kind einer Amme übergeben, die auch für das Stillen verantwortlich war. Das dies aus finanziellen Gründen nur den höheren Schichten vorbehalten war, muß nicht näher erläutert werden. Es kommt nochmals zum Ausdruck, daß das symbolische Stillen durch Pankraz' Mutter ein Hinweis auf die Armut und die schwache soziale Stellung der Familie ist.

---

[7] Es muß darauf aufmerksam gemacht werden, daß die Beschreibung des mittäglichen Mahls zusätzlich den zentralen Charakter betont, wenn der Mittag als Mitte des Tages betrachtet wird.
[8] GK, S.16
[9] Canetti, Elias: *Masse und Macht*. Frankfurt/M. 1992, S.252
[10] Kleinspehn, Thomas: *Warum sind wir so unersättlich? Über den Bedeutungswandel des Essens.*
1. Auflage. Frankfurt/M. 1987 (es 1410), S.240

Doch nun zurück zur Machtproblematik: Eine Mutter übernimmt mit dem Beginn der Schwangerschaft unter anderem eine Verantwortung als Nahrungs- und somit Lebensspenderin. Diese Verantwortung prägt natürlich erheblich die Mutter-Kind-Beziehung. Doch mit dem Ende der Schwangerschaft, d.h. der Geburt, ist die Verantwortung und Sorge nicht aufgehoben, sondern die Mutter behält sie zeitlebens.

Da für ein sorgenfreies Heranwachsen des Kindes in erster Linie eine ausreichende Ernährung verantwortlich ist, wird die Mutter auch in der Zukunft einen großen Teil ihrer umsorgenden Gedanken der Nahrungsbeschaffung widmen. Aber sie erfährt auch eine Befriedigung dabei, nämlich „zu sehen, daß das Essen bei ihm [dem Kind, P.F.] etwas wird"[11]. Dies bedeutet nichts anderes, als daß sie sehen kann, wie das Kind wächst und an Gewicht und Größe zunimmt.

Pankraz' Schwester, Esterchen, muß den ganzen Tag mit Spinnen verbringen, „damit das Söhnlein [...] mehr zu essen [bekommt]"[12]. Es fällt auf, daß die Mutter Pankraz „scheinbar den Vorzug"[13] gibt und „begünstigt"[14]. Dies liegt an ihrer Überzeugung, daß die Tochter in der Lage ist, sich selbst zu versorgen, ganz im Gegenteil zu ihrem Bruder. Daß die Schwester in der Tat besser für sich sorgen kann, wird bei Betrachtung der Szenerie am Mittagstisch deutlich. Es ist nämlich Esterchen, die sich darauf versteht, „die wohlschmeckenden Bächlein auf ihre Seite zu leiten"[15], also ihren Anteil zu vergrößern und im weitesten Sinne sich diesen selbst zu beschaffen. Pankraz ist hingegen auf die Hilfe seiner Mutter angewiesen, die infolge von Pankraz' Schmollen ihren Anteil an die Kinder übergibt:

> *Alsdann warf er den Löffel weg, lamentierte und schmollte, bis die gute Mutter die Schüssel zur Seite neigte und ihre eigene Brühe voll in das Labyrinth der Kanäle und Dämme ihrer Kinder strömen ließ.*[16]

Anhand ihres selbstlosen Handelns wird die Leidenschaft deutlich, mit der die Mutter ihr Ziel verfolgt. Bei Betrachtung der Mittagstischszenerie wird ihre Macht deutlich, die sie letztlich besitzt und ausübt. Das (Über-) Leben der Kinder ist von

---

[11] Canetti, Elias: *Masse und Macht*. Frankfurt/M. 1992, S.252
[12] GK, S.16
[13] ebd.
[14] ebd.
[15] GK, S.17
[16] GK, S.17

ihrem Willen abhängig, wenigstens in der frühen Entwicklungsphase. Sie kann entscheiden, ob sie ihren Kindern Nahrung zukommen läßt oder nicht. Dies konnte sie während der Stillzeit, und dies kann sie auch jetzt noch. Die Mutter übt eine Herrschaft über die Kinder aus.

Aufgrund der Ursprünglichkeit, die einer Mutter-Kind-Beziehung anhaftet, weil sie am Lebensbeginn eines Menschen und vieler höher entwickelter Tierarten steht, kann hier von der ursprünglichsten und größten existenten Macht gesprochen werden. Jeder Mensch erfährt diese Macht, sie ist unausweichlich. Vielleicht leiten sich sogar andere Formen der Macht von einer solchen ursprünglichen ab.

3. Pankraz' Macht und ihr Bezug zum Essen
3.1 Aggressivität

Neben dem mütterlichen Machtaspekt zeigt auch die Hauptfigur in Kellers Novelle, nämlich Pankraz, daß sie in der Lage ist, Macht auszuüben. Bei Pankraz sind die Anzeichen der Macht ebenfalls auf irgendeine Art und Weise mit dem Essen und der Nahrung verknüpft.

Zu Anfang der Novelle werden die beiden Kinder, Pankraz und Esterchen, in ihren Eigenschaften beschrieben. In dieser Beschreibung kommen die aggressiven Seiten von Pankraz gut zum Ausdruck. Pankraz betrachtet Sonnenuntergänge, die ihn dann gut gelaunt stimmen, wenn sie ihm Wolkengebilde mit „Schlachtheeren in Blut und Feuer"[17] bieen. Einen anderen Teil seiner Freizeit verbringt Pankraz auch damit, Zeichnungen von Kriegsmotiven wie „Rauchwolken und fliegende Bomben"[18] anzufertigen. Träumend, phantasierend und zeichnend liegt Pankraz in dem Kartoffelacker der Familie, wenn die Kartoffelpflanzen in voller Blüte stehen.

Bemerkenswert ist, daß dies ausgerechnet in dem Acker stattfindet. Denn eigentlich wäre es die Aufgabe des ältesten Sohnes, als männlicher Familienvorstand, das Kartoffelfeld zu bewirtschaften und somit die Nahrungsgrundlage der Familie zu

---

[17] GK, S.15
[18] ebd.

sichern. Statt dessen sitzt er aber in selbigem und träumt und phantasiert vor sich hin. Folglich trägt Pankraz eine Mitschuld an den dürftigen Verhältnissen seiner Familie. Darüber hinaus ist er auch selbst indirekt verantwortlich für seine eigene Neurose, das Schmollen. Im Grunde ist sein Zustand ein Teufelskreis ohne Anfang und ohne Ende.

Macht bedeutet die „Summe aller Einflußmöglichkeiten in politischer, wirtschaftlicher und <u>sozialer</u> [Hervorhebung von mir, P.F.] Hinsicht"[19]. Mit anderen Worten formuliert bedeutet dies das Durchsetzen der eigenen Absichten mit allen Mitteln und Möglichkeiten. Wird dieser Ansatz nun auf Pankraz Handeln übertragen, so wird schnell deutlich, daß sein Schmollen nichts anderes ist als sein Mittel der Macht. Er hat einen aggressiven Charakter, weil mit ihm ein harmonisches Familienleben unmöglich wird und er seine Mutter, seine Schwester, aber auch sich permanent selbst quält.

Die positive Seite an seiner 'Selbstquälerei' ist allerdings, daß ihn seine Trotzhaltung immer zum Ziel führt. Beim Schmollen werden die Lippen aufeinandergepreßt, und so ist es nicht verwunderlich, wenn es heißt, daß Pankraz „nie lachte"[20].

Elias Canetti zufolge ist das Lachen eine Handlung, die anstelle des Essens vollzogen wird:

> *Gewiß enthält das Lachen in seinem Ursprung die Freude an einer Beute oder Speise, die einem sicher erscheint, man könnte es, wenn man wollte, als Beute behandeln. Man würde nicht lachen, wenn man in der Reihe der geschilderten Vorgänge weitergehen und sich's einverleiben würde.*[21]

Bezogen auf Pankraz bedeutet seine Verweigerung des Lachens, daß er nicht in der Lage ist, auf jegliche Art von Beute – sprich Essen – zu verzichten. Diese Tatsache kann somit als Beweis für eine Eßlust oder einen Eßzwang angesehen werden. Dies wird auch bestätigt durch Pankraz' Verhalten als erwachsener Mann; nachdem er gelernt hat, einer regelmäßigen Tätigkeit nachzugehen und im Laufe des Erlernens

---

[19] *Meyers Lexikon in drei Bänden.* Bibliographisches Institut & F.A. Brockhaus AG. Mannheim 1996. Enthalten in: LexiROM 2.0 1995-1996 Microsoft Corporation und Bibliographisches Institut & F.A. Brockhaus AG, Artikel 'Macht'
[20] GK, S.16
[21] Canetti, Elias: *Masse und Macht.* Frankfurt/M. 1992, S.255

von Arbeit seinen Eßzwang abgelegt hat, beherrscht er plötzlich die Fähigkeit zu lachen:

> *Ein wenig Brot und Wein stellte meinen guten Mut vollends wieder her und ich lachte wie ein Narr mit den guten Soldaten [...].*[22]

Dieser Textstelle kommt überdies noch eine weitere Bedeutung zu: Der symbolische Gehalt, der den hier erwähnten Speisen anhaftet, bildet einen deutlichen Kontrast zu der Szenerie am Anfang der Novelle, als die Familie ihr tägliches Mahl einnimmt. 'Wein' und 'Brot' weckt Assoziationen zum christlichen Abendmahl, welches für uneigennütziges Teilen und Versöhnung steht.

Das Essen im Kreise der Familie gleicht da eher einem Kampf; obwohl gerade ein solches Essen dazu dienen soll, das Zusammengehörigkeitsgefühl auszudrücken und zu stärken. In der folgenden Textpassage achtet Pankraz jedoch strengstens darauf, daß jeder die ihm angemessene Portion bekommt:

> *Das Söhnlein, welches bei aller Seltsamkeit in Eßangelegenheiten eine strengen Sinn für militärische Regelmäßigkeit beurkundete und streng darauf hielt, daß jeder nicht mehr noch weniger nahm als was ihm zukomme, sah stets darauf, daß die Milch oder die gelbe Butter [...] gleichmäßig in die abgeteilten Gruben laufe [...].*[23]

Vermutlich ist es Pankraz dabei noch nicht einmal wichtig, daß jeder auch wirklich die gleiche Menge erhält. Die Schwester hingegen ist darauf bedacht, den größten Teil des gemeinsamen Essens zu erhalten.

3.2 Ordnung

Pankraz fühlt sich durch die Aktionen, deren sich seine Schwester zum Erreichen ihres Ziels bedient – und die schließlich auch zum Erfolg führen, zutiefst gekränkt. Sein Machtgefühl ist verletzt, denn dann „warf er den Löffel weg, lamentierte und schmollte"[24]. Die Ordnung und die „militärische Regelmäßigkeit"[25], um die er so

---

[22] GK, S.69
[23] GK, S.16f
[24] GK, S.17
[25] GK, S.16

bemüht ist, sind zerstört. Vor allem ist er um seinen Anteil betrogen worden, und er ist erst wieder zufrieden, als „die gute Mutter die Schüssel zur Seite neigte und ihre eigene Brühe voll in das Labyrinth der Kanäle und Dämme ihrer Kinder strömen ließ"[26]. Es wird auch sichtbar, daß Pankraz' Ordnung personenbezogen ist; sein Ordnungsgefühl ist nämlich auf ihn abgestimmt.

Die ganze Textpassage wird in einer spielerischen Erzählweise geschildert, doch die Begriffswahl, beispielsweise von „Stollen und Abzugsgräben"[27], färbt die Erzählweise auch aggressiv. Neben der Aggressivität taucht hier also noch ein weiteres wichtiges Mittel der Macht auf: die Ordnung.

Die enge Beziehung zwischen Ordnung und Macht wird am ehesten offenkundig, wenn ein sehr ursprüngliches Machtinstrument betrachtet wird. Canetti zählt dazu die Zähne. Diese sind vielen tierischen Lebewesen eigen; sie sind in der Lage, alles, was ein Lebewesen zu sich nimmt, zu zerkleinern und endgültig zu zerstören. Eine menschliche Hand oder ein Fuß ist nicht imstande, Dinge in dem Maße zu zerkleinern, wie dies Zähne vermögen. Das liegt an ihrer Beschaffenheit: Sie sind ausgesprochen hart und es gibt wenig Gegenstände in der Natur, die ihnen an Glätte nahekommen. Bei Ausgrabungen sind es meist die Zähne, die noch am besten erhalten sind. Auch forensische Untersuchungen stützen sich auf gut erhaltene Zähne.

Doch allein die genannten Eigenschaften sind es nicht, die die Zähne so effektiv wirken lassen. Es ist vielmehr noch die (An-) Ordnung der Zähne im Mund. Zähne könnten weniger gut zermalmen oder zerkauen, wenn sie unregelmäßig im Mund angeordnet wären. Erst durch ihre Ordnung werden sie zu einer Einheit – dem Gebiß – und können so überhaupt erst zu einem Gegenstand der Macht werden.
Canettis Behauptung scheint nicht abwegig, daß sämtlichen Dingen, die der Macht zugehörig sind und vom Menschen künstlich geschaffen wurden (z.B. Waffen), Zähne als Vorbild gedient haben. Daneben bietet die Natur weitere Beispiele, bei denen Ordnung eine große Rolle spielt und die letztlich auch ihre Wirksamkeit beweisen. Als Beispiele gelten hier hierarchische Ordnungsgefüge bei staatenbildenden

---

[26] GK, S.17
[27] ebd.

Insekten (z.B. Ameisen) oder Säugetieren (z.B. Rudel). Ohne Ordnung wäre ein Überleben unmöglich.

All dies läßt erkennen, warum Pankraz eine so tiefe Zuneigung spürt zu allem, was Ordnung folgt oder ausdrückt. Dazu gehört seine Bewunderung für den Lauf der Gestirne, weil diese in konstanter Regelmäßigkeit und um ihrer selbst willen immer und immer wieder am Himmel auftreten. Pankraz schätzt ferner alles Mechanische, geometrische Figuren und das Militär.

3.3 Beutefang

Pankraz' Begründung für sein ständiges Schmollen, immer genau dann, wenn sein Ordnungsgefühl verletzt wurde, sowie der Auslöser für seine Flucht aus diesem Dilemma ist „das nagende Gefühl, daß [er sein, P.F.] Essen nicht verdiente"[28].
Diese Äußerung kann im übertragenen Sinne Pankraz' Einsicht bedeuten, daß er sich nie selbständig Essen verschafft oder verdient hat. Dies gilt sowohl für die mehrfach erwähnte Mittagstischszenerie als auch generell. Da Pankraz nie in den Genuß von 'Beutefang' gekommen ist, fehlt ihm ein herrschaftlicher Anspruch, d.h. ein Aspekt der Macht. Da er es unterlassen hat, sich um den Kartoffelacker und um das Sähen, Gedeihen und Ernten der Kartoffelpflanzen zu kümmern, fehlt ihm der Erfolg seines eigenen Schaffens. Durch die Kontrolle und Gewalt über den Acker hätte er Macht ausüben können.

Allerdings wäre dies qualitativ eine unbefriedigende Macht geblieben, weil es eine Machtausübung über wehrlose Objekte (Kartoffelpflanzen) geblieben wäre. Menschliche Macht über Pflanzen ist nicht erwähnens- oder erstrebenswert, da sie von der Natur gegeben ist.

In Indien und Afrika geht Pankraz sehr intensiv einer Tätigkeit nach, die der des Beutefangs sehr ähnlich ist, der Jagd. Auf der Löwenjagd hat er symbolisch die Möglichkeit, all die Abläufe zu erfahren, die vor der eigentlichen Nahrungsaufnahme plaziert sind und von Wildtieren durchlebt werden. Diese Abläufe erstrecken sich vom Ausfindigmachen und Belauern der Beute über das Jagen bis hin zum Töten. Währenddessen spielt sich ein Machtkampf zwischen Jäger und Gejagtem ab, der bei klaren Machtverhältnissen in der Regel ein jähes Ende nimmt. Spielt sich dieser Machtkampf allerdings zwischen gleichstarken Gegnern ab, so kann der Jäger urplötzlich zum Gejagten werden.

Dies ist der Fall, als Pankraz von den beiden Soldaten vor dem Löwen gerettet wird. Auf seinem letzten Streifzug repräsentiert nämlich der Löwe überraschenderweise den stärkeren Gegner. Der Löwe offenbart von Anfang an durch sein Gebrüll die wahren Machtverhältnisse und kann es sich sogar erlauben, Pankraz warten zu lassen, denn „er legte sich gemächlich nieder und betrachtete [ihn]"[29].

Vermutlich wird Pankraz in diesem Moment zum ersten Mal in seinem Leben mit einer anderen Macht als die der Mutter konfrontiert, gewissermaßen einer Macht, die seiner eigenen sehr ähnelt, einer zerstörenden.

Warum begeben sich Menschen überhaupt in eine solche Gefahr und mitunter auch in eine solche Situation? Der Wunsch, Macht auszuüben, und der Wunsch nach Nahrung scheinen innerhalb der humanen Verhaltensmuster eng zusammen zu gehören.

3.4 Gewalt

In der Novelle findet sich noch eine andere Art von Macht, die ebenfalls in Verbindung mit dem Essen steht. Es handelt sich nicht länger um bloße Aggressivität, sondern um zielgerichtete Gewalt. Daß Pankraz überhaupt in der Lage ist, eine solche Gewalt anzuwenden, hängt in erster Linie von der Fürsorge seiner Mutter ab. Denn sie achtete darauf, daß Pankraz immer genug zu essen bekommt, und dadurch „nahm er [...] merklich zu an Gesundheit und Kräften"[30]. So erst entstehen die physiognomischen Voraussetzungen.

---

[28] GK, S.28
[29] GK, S.67
[30] GK, S.17

Es wird zu einer Leidenschaft für Pankraz, durch das umliegende Gelände zu streifen, jemanden zu finden, der in irgendeiner Weise ein 'Unrecht' begehen würde, um diesen dann durch eine Tracht Prügel 'zurechtzuweisen'. Dabei steht weniger sein Gerechtigkeitsempfinden, sondern vielmehr die Befriedigung seiner Rauflust im Vordergrund. Das Unrecht hält nur her als ein von der Gesellschaft akzeptiertes Motiv. Pankraz' Opfer sind vergleichbar mit einer Beute, die allerdings nicht als Nahrung verwertet werden kann; Pankraz muß sie wieder laufen lassen.

Seine Streifzüge funktionieren nach dem gleichen Muster, wie auch später sein Jagdstreifzug, als er auf den Löwen trifft. Er streift herum, er lauert, um dann schließlich loszuschlagen. Ein Unterschied ist allerdings, daß am Ende eines solchen Machtkampfes stets die Flucht oder der Rückzug steht. Später bei der Jagd ist es der Tod.

Der Umstand, daß Pankraz nach einem gelungenen Streifzug „das Essen doppelt gut [schmeckte, P.F.]"[31], belegt sein Gefühl auf 'Beutefang' gewesen zu sein, bevor er sich das Essen einverleibt.

Ein weiteres andersartiges Kennzeichen von Pankraz' Kämpfen ist die Unterstützung durch eine Waffe. Zur Zeit der Raufereien besteht diese Waffe lediglich aus „einer tüchtigen Baumwurzel oder einem Besenstiel"[32]. Der einfache Aufbau seiner Waffe zeigt Parallelen zu ursprünglichen Waffen. In der frühzeitlichen Erdgeschichte wurden solche Waffen verwendet; selbst bei Primaten können solche Waffeneinsätze gegen Feinde beobachtet werden. Um so weniger verwunderlich ist es, wenn Pankraz' Schwester ihn mit Tieren vergleicht, die Vorboten seiner Rückkehr sind:

> *Mir ist es nun zumute, als ob der Pankraz ganz gewiß heute noch kommen würde, da schon so viele unerwartete Dinge geschehen und solche Kamele, Affen und Bären dagewesen sind!*[33]

Durch die Benutzung einer Waffe kommt es auch nicht zu einem Ergreifen der Beute im eigentlichen Sinne; allerdings schützt sie vor dem Angriff und Ergriff durch den Gejagten. In seinem späteren Leben als Soldat hat Pankraz den Stock gegen ein

---

[31] GK, S.18
[32] ebd.
[33] GK, S.22

Gewehr eingetauscht, das ihm dann auch das Töten erlaubt. In der Fertigkeit, mit der seine Finger mit der Waffe umgehen, liegt ein Teil seiner Macht.

3.5 Wissen

Die Entwicklung, die Pankraz hinsichtlich seiner herausragenden Charaktereigenschaften gemacht hat, bewirkt auch eine Veränderung seiner Macht. Seiner Eßlust, seiner Rauflust sowie seines Schmollens konnte er sich entledigen; seine Macht allerdings besitzt er noch.

Bei seiner Ankunft nach seiner langen Abwesenheit läßt er seine „schneeweißen Zähne sehen"[34]; ein Symbol, daß er immer noch Gesundheit und Stärke besitzt. Diese versteckt er jedoch nicht mehr hinter den zusammengepreßten, schmollenden Lippen. Seine Macht hat jegliche Anzeichen von Aggressivität und Gewalt verloren und nimmt immer mehr die Machtform an, die die Mutter zu Pankraz' Kindeszeiten besaß. Denn von dem Zeitpunkt seiner Rückkehr an übernimmt er die Rolle des Ernährers:

> *Pankraz trug auf: einige gebratene Hühner, eine herrliche Sülzpastete und ein Paket feiner kleiner Kuchen [...].*[35]

Ein Machtaspekt ist bis jetzt noch nicht näher betrachtet worden: die Macht durch Erfahrung und Wissen. Nicht ohne Grund ist Pankraz' Mutter „unzufrieden, daß die Kinder nicht entweder mehr Verstand oder mehr zu essen oder beides zusammen erhielten"[36]. Die Verknüpfung zwischen dem Essen und dem menschlichen Verstand, der den Mensch Mensch werden läßt und ihn vom Tier unterscheidet, wird auch durch unseren Sprachgebrauch verdeutlicht. So existieren Begriffe bzw. Redewendungen, die Essen und Verstand vereinen: 'Wissensdurst' oder 'Verschlingen von Büchern'.
Die Ursache dafür, daß sich der Mensch Wissen aneignen möchte, liegt in seiner Neugierde. Diese ist ein menschlicher Urtrieb, der schon kleine Kinder zum Lernen drängt; kleine Kinder 'bombardieren' Eltern mit Fragen.

---

[34] GK, S.23
[35] GK, S.25

Im Laufe eines Lebens steigert sich die Bedeutung des Wissens permanent. Wissen hilft, Zusammenhänge zu durchschauen und einzuordnen, Ursachen zu erkennen und diese zu bewältigen. Wissen ist 'Nahrung' für den Geist, der mit dem Körper eine Einheit[37] bildet. Wird der Geist vernachlässigt, so ist die Einheit zerstört, die einen gesunden Menschen ausmacht. Wissen besitzt demzufolge einen ebenso großen Stellenwert wie Essen.

Von dieser Feststellung ausgehend kann behauptet werden, daß Pankraz nach seiner Rückkehr zur Familie geheilt ist.

4. Zusammenfassung und Ausblick

Im Verlauf der vorliegenden Arbeit sind Bedeutungszusammenhänge zwischen Essen und Macht aufgezeigt worden. Es hat sich gezeigt, wie anhand konkreter Textstellen in Gottfried Kellers Novelle 'Pankraz, der Schmoller' *erstens* Nahrungsmittel mit Machtaspekten sowie *zweitens* Verhaltensweisen, die mit Essen unmittelbar verknüpft sind, mit Erscheinungen der Macht verbunden werden konnten.

Das Essen ist folglich nicht nur irgendein 'Beiwerk' in Kellers Novelle, sondern ein durchaus zu diskutierender, weil einflußnehmender Aspekt. Essen ist eine Tätigkeit, die meist im gesellschaftlichen Rahmen vollzogen wird.

Bei der humanen Sozialisation wird soziales Verhalten geübt und der Grundstein für spätere Eßgewohnheiten gelegt. Sozialisation bedeutet überdies auch Lernen von Funktionieren in der Gesellschaft, dies bedeutet unter anderem Macht ausüben und Macht erfahren.

Vorausblickend bleibt noch die Feststellung, daß eine noch gründlichere Recherche innerhalb der Sekundärliteratur sowie eine allumfassende Textstellenanalyse zum

---

[36] GK, S.15
[37] Eine Monismus-Dualismus-Diskussion wird an dieser Stelle ausgeklammert. Mit Einheit ist hier insbesondere die menschliche Einheit gemeint.

Thema noch viele weitere, vielleicht neue, vielleicht andersartige Erkenntnisse zur Einheit von Essen und Macht bringen wird.

4. Literaturverzeichnis

a) Primärliteratur

Keller, Gottfried: *Pankraz, der Schmoller.* In: Ders.: Die Leute von Seldwyla. Vollständige Ausgabe der Novellensammlung. Mit einem Nachwort von Gerhard Kaiser. 1. Auflage. Frankfurt/M. 1987 (it 958), S. 14-70

b) Sekundärliteratur

Canetti, Elias: *Masse und Macht.* Frankfurt/M. 1992

Kleinspehn, Thomas: *Warum sind wir so unersättlich? Über den Bedeutungswandel des Essens.* 1. Auflage. Frankfurt/M. 1987 (es 1410)

Wierlacher, Alois: *Vom Essen in der deutschen Literatur. Mahlzeiten in Erzähltexten von Goethe bis Grass.* Stuttgart 1987

c) Nachschlagewerke

Meyers Lexikon in drei Bänden. Bibliographisches Institut & F.A. Brockhaus AG. Mannheim 1996. Enthalten in: LexiROM 2.0 1995-1996 Microsoft Corporation und Bibliographisches Institut & F.A. Brockhaus AG.